문학혁명의 조건

시산맥 시혼시인선 047

문학혁명의 조건

시산맥 시혼 047

초판 1쇄 인쇄 | 2024년 11월 4일
초판 1쇄 발행 | 2024년 11월 11일

지은이 이만식
펴낸이 문정영
펴낸곳 시산맥사
편집주간 김필영
편집위원 신정민 최연수
등록번호 제300-2013-12호
등록일자 2009년 4월 15일
주소 03131 서울특별시 종로구 율곡로 6길 36. 월드오피스텔 1102호
전화 02-764-8722, 010-8894-8722
전자우편 poemmtss@naver.com
시산맥카페 http://cafe.daum.net/poemmtss

ISBN 979-11-6243-528-1 03810 (종이책)
ISBN 979-11-6243-529-8 05810 (전자책)

값 12,000원

* 이 책은 전부 또는 일부 내용을 재사용하려면 반드시 저작권자와 시산맥사의 동의를 받아야 합니다.
* 이 책은 교보문고와 연계하여 전자북으로 발간되었습니다.
* 본문 페이지에서 한 연이 첫 번째 행에서 시작될 때에는 〈 표기를 합니다.
* 저자의 의도에 따라 작품의 보조 동사와 합성 명사는 띄어쓰기가 달라질 수 있습니다.

문학혁명의 조건

이만식 시집

| 시인의 말 |

　인문학이 전근대에서 근대로 이끌었듯 탈근대 전환의 선봉에 서라고 『조건 없는 대학』의 데리다가 권유하듯
　지난 수년 유튜브 탈근대 지도자 양성프로그램, '이교수의 조건 없는 학교' 동영상 수천 개에서 시적 상상력으로 새 세상 만들기를 소망하듯
　같이 하자고 손 내밀고 싶어서 7번째 시집을 낸다.

2024년 겨울
이만식

■ 차 례

인문학 교수	17
갑자기 웃음이 터졌다	18
그 어색한 침묵	20
집 떠나는 이유	22
그 응시와 그 무응시	24
의식	26
그의 숲속에서	27
'내성적인 사람'이라는 걸 은퇴할 때가 돼서야 알았다	28
부적	30
웃었다	32
민중에 의해 죽었어야 했는데	34
Thinking While Doing	36
투우사의 망토	37
구름의 소유권	38
플라타너스와 잣나무	40
세 개의 포도	41

싸움의 논리	42
다닥다닥 붙어사는	44
반성문은 누구에게 쓰나	46
칼로 무 베듯, 칼로 물 베듯	49
귀찮다는 듯이	50
보르헤스와 나	52
가난한 삶	56
매천 황현의 죽음	57
'문학혁명'의 조건	62
성욕	64
고통	65
사랑이 끝나고 있음을 안다	66
지네	67
병상 일기	68
발췌하지 않는다면	72
죽음의 깊이	74

당연하다는 것	77
레버넌트	78
말이 시가 되는 시간	80
반갑다	81
묘사고(猫死考)	82
나빴던 사람들, 고맙다	85
애도하는 마음	86
기둥을 만져보다	88
신앙	89
여자의 힘	90
돈의 힘	91
자연이라고 부르는 것	92
비가	93
거인 환상	94
시체 만세	98
어떤 세미나	100

당신은 나보다 옳습니다	103
메멘토 모리	104
흥분한 가운데 냉정하기	105
동요 딱지치기 놀이의 시적 상상력	108
서툰 사랑의 말	111
교통사고의 원인	112
화성 테니스	114
지옥 가족	116
수다	117
바깥을 사유하기	123

인문학 교수

궁지에 몰린 쥐새끼들처럼
서로를 잡아먹으려고 했다.
'대학 졸업→취업'의 공식이
이과 사고방식에 더 어울렸는지
문과는 취업률 하락의 주범이었고
모든 문제의 원인으로 지목되었다.

미래를 짐작할 수 없는 무서운 세상에서
희생양이 있으면 잠시 잊을 수 있으니까
뭔가 주류가 아닌 놈들을 선택하는데
지난 20년간 그게 인문학 교수들이었다.

이걸 기획한 놈들이 더 나쁜 놈들이지만
그놈들은 인문학을 모르니, 윤리도덕과 무관하니
악당이기를 작정했으니 도대체 뭐라고 시비를 걸랴?

자기들이, 자기들 무리가 무너지는지 모르고
아니, 그건 상관없다고 치부하고 눈 감고
대표 희생양을 뽑아 제출하는데 '나만 아니면 돼'라는 마음으로
아무나 쫓아내는데 서로 혈안이었던 인문학 교수.

갑자기 웃음이 터졌다

갑자기 웃음이 터졌다.

광화문 네거리에서
아내의 전화를 받고 나서.

예수가 왜 죽었는지 알았다.
왜 죽을 수밖에 없었는지 알았다.

기대가 죽인다.

예수는 메시아였다.
이 못난 세상 엎어버리고
잘 사는 세상 올 거라는 희망의 인물이었다.

믿었든지 믿지 않았든지
너무 큰 기대가 생겼고
실망감의 분노를 표출할 적절한 대상이 되었다.

그러니 어찌 그가 죽지 않으랴.
〈

갑자기 웬 예수 타령이냐고.

이게 남 얘기가 아니라서, 내 얘기라서, 아니, 네 얘기일 수도 있어서.

자식 태어나면 정말 예쁘다.
그래서 정말 열심히 살았다.

그 자식이 자식을 가질 나이가 되면
그 자식이 가졌던 기대는 충족될 수 없다.

충족시킬 수 없다.
이게 우리의 늙음이다.

분노의 적절한 대상이 된다. 제발,

너무 큰 기대가 아니었기를 빈다.
예수처럼 개죽음하지 않기를 바란다.

그 어색한 침묵

십 년 전쯤인데, 그때는
그 어색한 침묵,
그 불편의 의미, 몰랐다.

박사학위 논문심사 갔다.
먼 길이라 전철 타고 갔다.
심사위원 여교수 차, 얻어 탔다.
학회 일로 알던 사이, 차분하고
일 잘하는 분, 지금 생각하니, 어두운
샛길 달릴 때부터 이상했다. 너무
열심히, 큰길, 찾으려는, 그래서
어쨌든, 큰길, 금방 나온다고 말
했었다, 기억이 잘 안 난다, 그러고 나서
대로, 달릴 때, 좋은 사람, 믿을 만한
사람, 호감 가는 사람이라고 말했었나,
같이 일하기 좋은 분, 학회모임에서
반갑게 만나자, 그런 뜻이었는데, 자동차
안의 분위기, 너무 어색해졌다, 무슨 이유에선지
그 어색한 침묵, 지금까지도 계속
되새김질하게 하는 침묵, 있었다. 뭔가

불편하겠지, 그렇게 생각해서, 미안하고
그래서 가까운 전철역, 내려달라고 부탁했다.

그렇게 헤어졌고, 다시는 만난 적 없다.

그러나 그 어색한 침묵, 왜 그런 불편
발생했는지, 내가 원인인데, 왜, 내가
그런 원인이 되었는지, 지금까지 잘 몰랐다.
그런데, 이제 안다. #미투가 시끄러운 지금.
남자라서 그랬는지, 여자들 밤길
무서워하는 이유, 전혀 짐작할 수가 없었거든.

집 떠나는 이유

절이 싫으면 중이 떠난다.

결국
버리는
몸짓
없으면
중도, 그래서, 절도, 없다.

용기 없어
죽음의
타자의
선물 받지 못하면
나, 나, 나에게서
못
벗어난다.

수처작주 입처개진*

중요한 건
집 떠나는 이유**

* 있는 곳에서 주인이 되면 그 자리가 진리가 된다. _ 임제

** 한병철, 『에로스의 종말』, 서울: 문학과지성사, 2015, 57~58쪽: 사랑은 절대적 결론이다. 사랑은 죽음, 즉 자아의 포기를 전제하기에 절대적이다. "사랑의 진정한 본질"은 "자기 자신에 대한 의식을 포기하고, 다른 자아 속에서 스스로를 잊어버린다는 점"에 있다. 헤겔의 노예는 의식에 제한되어 있다. 그의 의식은 절대적 결론을 맺을 능력이 없다. 그것은 그가 자기 자신에 대한 의식을 포기하지 못하기 때문이다. 즉 죽을 줄 모르기 때문이다. 절대적 결론으로서의 사랑은 죽음 속을 통과한다. 사랑하는 자는 타자 속에서 죽지만 이 죽음에 뒤이어 자기 자신으로의 귀환이 이루어진다. 사람들은 흔히 타자를 폭력적으로 붙들어 자기 소유로 삼는 것을 헤겔 사유의 중심 형상으로 이해하지만, 헤겔이 말하는 "타자로부터 자기 자신으로의 화해로운 귀환"은 그런 것과는 아무런 관계도 없다. 그것은 오히려 나 자신을 희생하고 포기한 뒤에 오는 타자의 선물이다.

그 응시와 그 무응시

삶의 이야기
1986
유영교(1946-2006), 한국
국립현대미술관 과천관 야외전시장

(1) 그를 내려다보는 엄마와
  품에 안겨 먼 하늘 응시하는 아이

(2) 팔베개하고 누워 멍한 남자와
  무릎 꿇고 앉아 턱 괴고 그 남자 응시하는 여자

(3) 집 두고 나와 나무 둥지에 기대
  팔 모아 땅바닥 응시하는 한 남자

(4) 다소곳이 발 모아 팔 모아
  고개 살짝 돌려 어딘가 먼 곳 응시하는 한 소녀

(5) 누군가 등 돌리고 혼자 앉아있다.
  굳이 돌아서 그 앞으로 간다. 팔로
  감싸 안고 있는 건 해골, 움푹

들어간 눈구멍 뚜렷한 해골, 그걸
안고 있는 건 남자, 모두 다 놓아버린
얼굴의 표정, 그런 중년 남자, 그에겐
응시의 힘도 남아있지 않다.

만약, 우리
살더라도, 같이,
서로의 이야기, 모른다.
그 응시와 그 무응시, 모른다.

의식

사람에게만 의식이 있다는 게 얼마나 다행한 일인가.

길가의 풀 한 포기에 의식이 있었다면
그리도 척박한 땅에 자리를 잡지는 않았겠지.
좀 더 좋은 자리를 찾아 옮겨가는 방법을 터득했겠지.
그런 진화가 있었다면, 풀이 지구에서 가장 좋은 자리를 차지했겠지.
풀의 강인한 생명력에 비하면 인간은 연약하기 그지없으니까 말이야.

동물원에 갇혀있는 사자에게 의식이 있었다면
아무리 정교한 포위망을 구축해놓았다 하더라도
언젠가는, 기필코, 빠져나오는 방법을 터득했겠지.
그런 진화가 있었다면, 사람이 지배자가 되기 전에 사자가 제압했겠지.
사자의 강력한 힘에 비하면 인간은 연약하기 그지없으니까 말이야.

사람에게만 의식이 있다는 게 얼마나 무서운 일인가.

그의 숲속에서

사십오 년, 걸렸어요.

5월 하순 아침 옥천 화인수목원
메타세쿼이아와 소나무 사이에서
79세의 그, 그의 숲속에서 만났다.

그 전날, 60년 공부 유영애의 판소리 심청전,
아이고, 아버지, 그 힘 있는 소리, 그 속에서

음악의 핵심에 'cry'라고 답하던
하버드대 영문과 교수, 다시 만났다.

만날 듯, 끝내, 만나지 못한 무산 조오현,
그 설악산의 입적 소식 다음 날

서옹의 백양사처럼
산 밑 주차장까지 서늘 강기 펼치는 살림살이였는지

지금 이곳에 없는 그에게 묻는다.

'내성적인 사람'이라는 걸 은퇴할 때가 돼서야 알았다

매일 몇 시간씩 혼자 있을 필요가 있는 사람을 알고 있나요? 감정과 사상에 관한 조용한 대화를 사랑하고, 대규모 청중에게 하는 구두발표를 역동적으로 해내지만, 모임에서 어색해하고 잡담하는데 서툰 사람 말이죠. 파티는 끝고 가야 하고, 그런 다음 기운을 차리려고 좀 쉴 필요가 있는 사람이죠. 사람들이 친절하게 의례적으로 하는 말에 투덜대거나 언짢아하거나 불평하거나 움츠러드는 사람이요.

이런 사람에게 '너무 심각하다'라고 말하거나 괜찮은지 물어보지는 않나요? 서름서름하다거나, 건방지다거나, 무례하다고 여기지는 않나요? 그를 끄집어내려는 노력을 배가하지는 않나요?

이 질문에 대한 대답이 모두 '그렇다'라면, 내성적인 사람을 만나고 있는데 그를 적절하게 관리하지 못하고 있을 가능성이 있습니다. 내성적인 사람의 습관과 요구사항에 관한 과학적 성과가 최근에 많이 있었습니다. 브레인 스캔 사진으로 내성적인 사람이 다른 사람과 전혀 다르게 정보를 처리한다는 사실도 알게 됐습니다. (지금 내가 이야기를 날조하고 있는 게 아닙니다) 이런 중요한 문제를 지금까지 모르고 있었더라도, 당신만 그런 게 아니라는 건 확실합니다. 내성적인 사람은 흔합니다. 그러나 미국에서, 아니, 아마도 세계에서 가장 오해받고 시달리는 집단 중 하나입니다.*

이제 안다, 왜
삶이 『햄릿』처럼 연극 같았는지.
이제 안다, 왜
싫은 건 아닌데, 만나는데 예행연습을 수십 번 해야 했는지.
이제 안다, 왜
만나는 게 좋은데, 또 만나는 게 그렇게도 피곤했는지.
이제 안다, 왜
수줍은 건 아닌데, 어디든 뒷자리가 좋았는지.

이제 안다,
이제야 안다, 왜
사랑하지만, 사랑이 끝난 평화가 더 좋았는지.

* Jonathan Rauch, "Caring for Your Introvert," The Atlantic(March 2003 Issue)의 요약.

부적

안녕하세요 교수님 영미어문학과 3학년 송현민입니다. 종강 날 학교 카페에서 우연히 뵈었을 때 행운이 있어야 한다며 5,000원을 선물해주신 것 기억나시나요? 저는 교수님이 제게 행운을 선물해주신 덕분인지 그날 하루가 이상하게 제 뜻에 따라주는 하루였습니다. 시험이 모두 끝나고 친구들을 만난 자리에서 다음 날 대회를 앞두고 불안해하고 있는 친구에게 교수님께 5,000원을 받은 이야기를 해주며 그 5,000원을 넘겨주며 내일 대회 잘하라며 제가 받은 행운을 선물해주었습니다. 우연히도 그 친구도 대회에 입상하게 되어 제가 농담 삼아 말했던 '너도 행운 선물해'라는 말을 기억했다며 다른 친구에게 선물해주었고 그 5,000원은 저희 동네에서 마치 행운의 부적처럼 돌아다니고 있습니다. 며칠까지는 5~6명을 거친 것까지 확인이 되었으나 일주일이 넘게 지난 지금은 행운이 멀리 갔는지 행방을 알 수 없게 되었습니다. 재밌게도 흔히 삭막하다고 말하는 현실에 우연히 겪은 행운의 릴레이가 모두를 소소한 행복을 느끼게 해주었고 그 시작에는 교수님이 계셨다는 말씀을 드리고자 이렇게 이메일을 남기게 되었습니다. 물론 누군가는 전달하지 않고 써버려 끝나 버리거나 이미 끝났었을 수도 있지만 그래도 교수님께 받은 오천 원 하나가 오천 원의 몇백 배 가치를 매길 수 없을 정도의 행복을 몇 명에게 가져다주었음에 충분하다고 생각합니다. 내년이면 교수님께서 저희 학교에 계시지 않다는 사실이 아쉬울 따름입니다. 교수님께서 시작해주신 행운과 행복에 감사드리며 이 이메일을 보냅니다. 감사합니다.

   이메일 받고
눈물이 핑 돌았다.

15살부터 시작한 가르치는 삶.

   그 끝에
이런 감동, 있구나.
이게 선생의 삶, 이었구나.

웃었다

언제나, 졸리던
아침 9시, 월요일
운동장, 옹기종기, 줄 맞춰

교장이 말했다.
오른쪽, 향나무, 3백 년
아주, 비싸고, 왼쪽, 향나무
5백 년, 훨씬, 더, 비싸고

웃었다, 어디에선가
웃음, 번졌다, 스멀스멀
비싸서, 웃은 게, 아니다.
교장의 말, 웃겨서가
아니다, 그냥, 참을 수

교장, 정말, 화냈다, 교련
교관, 똥개, 훈육, 길길이
날뛰는데, 아무나, 마구, 팼다.
왜, 누가, 웃는지, 아무도, 몰랐다.

그해, 우리, 고등학교
최초로, 점거 농성, 했다.
이틀, 정도, 강당에서, 버텼다.
나도, 그냥, 있었는데
왜, 그랬는지, 아무도, 잘, 몰랐다.

민중에 의해 죽었어야 했는데

학생투쟁, 점점 과격해지니
공산주의자라고 사형에 처하던
1970년대 제3공화국 체제 속에서

나는
어느 진영에도
동지가 아니게 되었다.

박정희 대통령이 죽은
다음날 육군본부 사병이던 내가

이왕, 죽을 거면
민중에 의해 죽었어야 했는데
속마음을 털어놓았다.

2017년 3월 10일
독재자의 딸이라는 박근혜 대통령, 민중에 의해 죽었다.

그의 몸 아직 안 죽었지만, 그의 정신 이제 죽었다.
〈

민중에 의해 죽는 게
이렇게 오래 걸리는 줄 몰랐다, 그때는.

Thinking While Doing

2015년 5월 3일 세기의 대결이라는 메이웨더와 파퀴아오의 시합을 보다가
왜 그렇게 많은 돈을 받는 스포츠전문가인지 알 것 같았다.

K.O.를 약속하며 난무하는 펀치 속에서 눈도 깜빡이지 않고 생각하고 있었다.

시합이 끝나면 즐겁게 돈을 세겠지만 시합의 공이 울리면 펀치와 펀치 사이의 공간, 그 허무를 온몸으로 살고 있었다.

우리가 알고 있다고 생각하는 생각이 아닌 생각,
무의 생각을 생각하고 있었다. 문명 세계의 대부분이
흥미 있게 지켜보던 시합의 가운데에 텅 빈 곳이 있었다.
무가 눈앞에서 펼쳐지는 장엄한 모습에 엄청난 돈을 지불하고 있었다.

투우사의 망토

꽃이 피어있다.

아름답다고 말하는 데에는 방법이 있다.

나에게 얼핏 도달하여 추억과 희망으로 남아있는

그대의 아름다움이 나에게 머물지 말고
그대에게 그대로 남아있어야 하듯

아름다움이 나에게 있지 않고 꽃에 있어야 한다.

소 같은 나를 도발하는 투우사의 망토가 되지 말아야 한다.

구름의 소유권

손자는 귀엽다.
아들 때와 전혀 다른 느낌이다.
아들과 딸은 '사건'이었다.
내가 아니어야 하는 나. 그래서
나를 버려야 하는 세월이었다. 결국
자식은 내가 아니라는 걸, 결국
뼈저리게 깨닫는 시간이었다. 결국
구름의 소유권이었다.

손자는 다른 방식으로
사랑한다. 집착이 없는.
오늘 다르고, 내일 다른.
움켜쥐려 해도 움켜쥘 수 없는.
구름을 사랑하는 심정으로.
흘러가는 구름, 구경하는 방식으로.

아들과 딸도
구름이려니, 사랑했으면
좋았으련만. 그들에게 미안하다.
그들은 내가 아니었는데

그런 진리를 알지 못했다.

손자는 다르다. 그의 성장을
다 볼 수 없다는 허무.
내가 아니어야 하는 나다.
내가 아닐 수밖에 없는. 계속
구름같이 변하는. 그러나 얼핏, 나 같은.

플라타너스와 잣나무

뉴질랜드 기호네 집에 있을 때
기호 엄마가 시간만 나면 쳐다본다는
2층에서 바라보던 플라타너스 세 그루.

프랑스 지베르니에 갔을 때
공영주차장에서 우연히 발견한
모네가 그렸던 플라타너스 세 그루.

'무'가 뭐냐고 물어봤을 때
조주 스님이 대답했던
그때 절 마당에 있었던 잣나무.

기호 엄마도, 모네도, 조주도
묵묵히 서 있는 영원을 읽었다.

세 개의 포도

1
포도가 있다.
식탁 위에 포도가 있다.

2
개가 포도를 본다.
식탁 위에 포도가 있다.
개는 포도를 먹는다.

3
개의 주인, 내가 본다.
식탁 위의 포도를 본다.
개가 포도를 먹는다.
포도가 맛있게 보인다.
포도를 먹는다.

식탁 위에 있는 포도와
개와 내가 먹는 포도를 본다.

식탁 위에 포도가 있다.

싸움의 논리

정치가가 될 수 없을 것 같아요.

누구와도 싸우지 않아요.
누구와도 싸울 수 없어요.

어제의 적이 오늘의 적이 아니고
오늘의 적이 내일의 적이 아니기 때문이죠.

어제의 적과 오늘의 적이 같은 사람이어도
어제의 그 사람이 오늘의 그 사람이 아니니까
어제의 내가 오늘의 내가 아니니까

(어제가 어제라면 모르지만, 어제가 어린 시절이라면 분명하죠.)

어제의 적은 어제의 적이었을 뿐이고
어제의 적이 오늘의 적이 될 수 없으니까요.

(내일이 내일이라면 모르지만, 내일이 내년이라면, 다음 세기라면 말이죠.)

〈
시인이 될 수 있을 것 같아요.

싸움을 멈추지 않기 때문이죠.

밖으로 하는 싸움을 할 수 없지만
안으로 하는 싸움은 할 수 있으니까요.

다닥다닥 붙어사는

다닥다닥 붙어사는 살림살이라 예의 지키는 방식이 중요하다.

층간소음 같은 사소한 시비가 살인사건이 된다.

버스정류장 앞 벽에서 본 누렇게 바랜 경고장.

이곳에 매일 커피 남은 종이컵을 버리고 가는 분. 부모님께 물어보세요. 어디에 어떻게 버려야 하는지…. 아! 당신 부모님도 모를 수 있겠네요. 당신 부모님께 그렇게 교육받았을 테니…. 가까운 유치원 가서 유치원생들에게 물어보세요. 쓰레기 어디에 버리는지. 그리고 당신 자녀분들에게도 꼭 알려주시기 바랍니다. 예쁜 아이들이 남들에게 피해 주면서 욕먹고 살면 안 되잖아요?

경고받은 사람이 읽지 못했나 보다.
읽었다면, 짜증이 났다면 찢어버렸을 텐데 오래 남아있는 걸 보니.

읽었어도 신경 쓰지 않았을 수 있다.
〈

전체의 4분의 1도 못 되는 이상적인 근대가족을 모델로 하니까.

이런 경고가 누구의 가슴도 아프게 하지 않는다면

언어적 물리적 폭력에 호소하지 않는

갈등 해소 방법을 어디에서 찾아야 하나.

반성문은 누구에게 쓰나

잠들기 직전의 어둠이다.

트레킹 오르내린 다리 아프다.
밤늦게 끌려다닌 단체관광 힘들다.

잠들고 싶다. 이때 스치고 지나간다. 잠을 깨운다.

수치스러운 기억.
눈치 빠른 사람도 알지 못했을 사건.
너무 잘 알아 얼굴 붉히며 숨기고 싶은 일이었다.

반성문은 누구에게 쓰나.

욕심 버린 뒤 알 수 없는 분노 주체할 수 없이 솟구친다.
유치하다. 주책스럽구나. 바로 보지 못하는 어리석음인가.

오늘만 해도 사소한 일
입 벌려 속삭이지 못할 수준이야.
그렇게 치부하려고 해. 그러나 안다. 보인다.
그 뒤에 도사리고 있다. 불구덩이 지옥이다. 심연이다.

〈
몰려오는 잠 끝까지 물리치며
허공에 마침표 찍을 때까지 써 내려가야 한다.

수신인을 모르는 메시지.

벌써 심하게 좌절한다.

끙끙대다 아침에 깨어났다.

잠들기 직전이 이어진다.

출발지는 나였고 도착지도 나였다.

쓰는 사람, 보내는 사람, 받는 사람, 다 다르겠지.

그러나 또 다 같은 이상한 우체국 나라.

누가 본 적도 들은 일도 없다.

나만의 강력 사건. 그 검시 보고서.

아무도 읽을 수 없게 흐릿하지만

누구라도, 나라도 꼭 써야 하는

오늘도 하늘 보고 살아가려면

칼로 무 베듯, 칼로 물 베듯

상투 자르라는 단발령 이후
갓 대신 중절모 쓰고 다니던
근대의 폭력적 단절과 달리
새 시대는 관습의 고사를 바란다.

불확실성 이론 진영이
뉴턴 물리학 폐기 운동을 하지 않는다.

다른 차원에 적용할 이론이라는 것.

칼로 무 베듯 싹둑 잘라버리는 단절이 아니라
칼로 물 베듯 관계없다는 듯 귀찮다는 듯
귀하지 않다는 듯 그냥 그렇게.

귀찮다는 듯이

장애물에 걸린 도마뱀은
귀찮다는 듯이 꼬리를 잘라버린다.

귀찮다는 듯이

이 구절이 머리에 맴도는 이유를 몰라 쓴다.

시가 구원이 되리라.

불우한 유년을 보상받고자 이기적으로 사랑하던 아들과 딸.

알고 있었다.

불행이 행복으로 변해도 허무가 오고야 말리라.

이 모든 사건이 발생하기 전부터 알고 있었다.

애써 모르는 척하고 있었을 뿐이었다.

어떤 슬픔이나 기쁨이어도

〈
귀찮다는 듯이 받아들이지 않으면

그만큼 줄곧 쌓인다는 것.

그만큼 감당해야 한다는 것,

다 툴툴 털어버릴 때까지.

보르헤스와 나

　호르헤 루이스 보르헤스의 단편소설「틀뢴, 우크바르, 오르비스, 테르띠우스」의 한 구절이다.

　문학의 관행에 있어서도 유일한 주체라는 생각은 무소불위의 힘을 발휘한다. 저자의 이름이 들어가 있는 책은 매우 드물다. 그들에게 있어 표절이라는 개념은 존재하지 않는다. 그들에게는 모든 작품은 단 한 작가의 작품이며, 무시간적이고 익명이라는 생각이 확립되어 있다. 비평은 늘 작가들을 탄생시킨다. 비평은 두 개의 상이한 작품『도덕경』과『천일야화』를 선정하고, 그것들이 한 작가에 의해 쓰인 작품들로 규정한 다음 세밀하게 그 흥미로운 문필가의 심리를 분석한다….
　물론 책들은 서로 상이하다. 소설들은 상상할 수 있는 모든 변형을 동원하지만 모두 단 하나의 동일한 구조를 가지고 있다. 철학적 본질을 다루고 있는 책들은 모두 똑같이 명제와 반명제, 즉 하나의 학설에 대한 찬동과 반박을 함께 가지고 있다. 어떤 책이든 그 안에 그것에 대한 반대의 책을 가지고 있지 않으면 그 책은 미완성의 책으로 간주된다.
　수 세기에 걸친 관념론은 현실에 끊임없이 영향을 미쳐왔다. 틀뢴의 가장 역사가 오래된 지역에 있어 잃어버린 물건에 대한 복제는 아주 흔한 일에 속한다. 두 사람이 잃어버린 연필 하나를 찾는다. 첫 번째 사람이 그것을 발견하지만 그 것에 대해 입을 다문다. 두 번째 사람이 첫 번째 사람이 발견한 것 못지않게 더 사실적이고 더 자신의 기대치에 부응하는 두 번째 연필을 발견한다. 틀뢴에서는 이 이차적 물건들을 〈흐뢰니르〉라고 부른다. 그것들은 볼품이 없지만 실제의 것보다 약간 길다. (호르헤 루이스 보르헤스, 『보르헤스 전집2 ─픽션들』, 황병하 역, 서울: 민음사, 1994, 39쪽)

보르헤스의 '연구논문+허구'라는 형식에서 내 시의 비밀을 발견했다.

거꾸로 보는 한국문학사(1-4)
─상상의 공동체

문단 자체가 문제인 것 같아 보여.

아마도, 처음에는, 애호가 모임이었을 거야.
아니, 그보다는 좀 더 심각했던 게,
이씨조선의 멸망 앞에서, 민족을 뭉치게 하는

중심 도구가 언어였고, 긴박한 현실 속에서
제대로 작동해야 했겠지. 이런 전통이
1980년대까지 지속됐고, 민족이란 대의를 위한
숭고한 희생의 행위 같았겠지, 문학이란 게.
그런데, 이제 와 생각해보면, 아마도
'상상의 공동체'*
였을지도 몰라, 근대국가란 개념처럼.

왜냐하면 문창과, 국문과 더 나아가서 인문학이
새로운 '상상의 공동체'와
주파수를 맞추지 못하는 '상상의 공동체'가
돼버린 것 같기 때문이야. 쓸모없어진 것 같아.
'시인'이라면 감탄해주는 청중이 더 이상
사회의 주력 세력이 아닌 것 같거든. 그리고
심각한 문제를 진지하게 물어보지 않거든.

나의 '연구논문+문학평론+시' 형식과 유사하다.

이게 새로운 문학운동의 한 양상이다.
〈

혁명적이랄 수 있는 새로운 세계가 도래하여
'인식+감정'의 체제 전체를 동시에
한꺼번에 바꿔야 하는 상황이거든.

* 베네딕트 엔더슨(Benedict Anderson)의 같은 제목의 저서에서 기인하는 근대국가 형성에 관한 이론.

가난한 삶

가난한 삶을 살아간다기보다
가난한 삶의 개념을 살아간다기보다
가난한 삶의 위협을 살아가는 게 아닐까.

가난의 경험이 자랑거리가 못 되는 건
누구에게나 있었던 일이기도 하고
누구에게나 있을 수 있는 일이기도 하기 때문이다.

달동네에서 살면
가난한 나라에 관광 가서 느꼈듯
물에 빠지듯 그 속에서 살면
두려워했던 것보다 살만하다는
사람 사는 냄새가 구수하다는 위안이 있다.

정작 그 속에 빠지면 괜찮은데
막상 그 속에 빠질까 봐 두려워
평생 그 속에 빠지지 않으려고 발버둥 치는

허공 같은 것일지도 모른다.

매천 황현의 죽음

왜 죽기로 마음을 먹는가.
왜 그런 마음이 존경받는가.

서대문 형무소 역사관
3·1운동과 임시정부 수립 100주년 기념
특별전시회에서 만난 매천 황현의 경우가 그렇다.

1910년 경술국치를 맞아 더덕술에 아편 타 마시고
자결하며 절명시를 남겼다. 그의 순국에 감동하여
만해가 1914년 추모시를 '친필로 써서 유족에게 전달했다."

이 사연이 임시정부 수립 100주년 기념의 '꽃'이 되었다.

"한 번 죽음은 역사의 영원한 꽃으로 피어나네"
매천을 자결로 이끌었던 "괴로웠던 충성"은 무엇일까.

단도직입적으로 말하자.

만해는 살아남았는데 매천은 자결했다.
〈

안중근의 "공판기록과 안 의사가 하얼빈 의거 전에 남긴 시"

"대장부 세상에 태어나 그 뜻이 크도다.
시대가 영웅을 만드는가 영웅이 시대를 만드는가.
천하를 굽어보니 어느 날에 큰일을 이룰꼬.
동풍은 점점 차가우나 장사의 의지는 뜨겁도다."라는
'장부처사가'를 황현이 "꼼꼼히 스크랩"했다.

안중근 의사처럼 극단적 행위였지만
황현이 왜 자살의 형식을 취했는지 내내 궁금했다.

황현의 죽음보다 그 시기와 형식이 더 궁금했다.

대한민국 건국의 아버지로 대접받고 있지만
언제, 어떻게 죽을지 고민했던 황현, 그 사람이 궁금하다.

「절명시」를 시작하며
"몇 번이나 죽으려 했으나 그러지 못했네
이제는 더 어찌할 수 없게 되었소"라는데
〈

왜 '오늘'이 그날인지 궁금했다.
왜 그런 결정에 이르렀는지 궁금했다.

그냥 혼자 죽은 게 아니다.
그의 죽음에 대한민국 건국의 의미가 담겨있다.

"나는 적성으로써
조국의 독립과 자유를 회복하기 위하야
대한애국단의 일원이 되야
중국을 침략하는 적의 장교를 도륙하기로 맹서하나이다"
라는
「선서문」을 쓰는 윤봉길과 너무 다른

"인간 세상 지식인 너무 어렵소"라는 고민은
황현이 행동할 수 없게 만드는 난처한 경지였다.

조선의 선비 황현에게는 복원해야 할 나라가 있었다.

"요기가 가려서 나라가 망했으니
대궐은 침침해지고 시간도 더디구나

조칙도 지금부터 다시는 없을 것이니."라는 임금의 나라였다.

"가을밤 등잔 밑, 책 덮고 지난 역사 생각해보니"
황현에게 떠오르는 건 "이미 망해버린" "무궁화 세계"였다.

미래의 대한민국을 소망하며
목숨을 초개같이 던지던 대한애국단에 감탄했지만
1910년의 한일합병에 이르기까지 고민했지만
황현은 임금시대의 과거를 복원할 방법밖에 알지 못했다,

폭력적으로 대항하기 위해서는
잘 알지 못하고 잘 보이지도 않던
대한민국이란 미래에 대한 무작정의 신념이 필요했다.

"무궁화 세계"는 궁극적으로 복원될 것이었다.
그렇지만 그건 '대궐'의 형식이 아닐 것이었다.

"다만 인을 이룰 뿐이요, 충은 아닌 것이로다."처럼
'충'이 불가능해진 세상이 돼버렸다. 그러니 황현은
"의분을 참지 못하고 지조를 지키기 위해 스스로 목숨을 끊

음"이란

자결을 "더 이상 어찌할 수 없"이 선택해야 했다.

윤봉길과 황현의 죽음의 선택이 다른 게 왜 중요한가.

질문하게 만들기 때문이다.

지금 우리의 시대는 어떤가.
지금 우리의 대한민국은 안녕하신가.
지금 우리의 대한민국이 황현의 대궐은 아닌가.

* 이기환 선임기자, 「100여 년만의 동반 공개, 매천 황현의 절명시와 만해 한용운의 추모시」, 경향신문(2019년 2월 18일)에서 이하의 내용도 인용됨.

'문학혁명'의 조건

죽었는지 살았는지 관심도 없는데
'문학의 죽음'이라는 엄살이 통할 때도 있었다.

정치의 현실을 바꾸는 게 먼저인지
지성의 수준을 높이는 게 먼저인지
『창작과비평』과 『문학과지성』의 논전을 지켜보던 시절도
있었다.

이제 뮤즈를 믿고 그냥 읽거나 쓸 수는 없다.
굳이 만들어내야 할 '문학혁명'의 조건을 따져보자.

'나'를 찾지 못해, 그리고
'나'의 자리를 몰라 혼란스러워했던 건
사무엘 베켓의 『고도를 기다리며』에서부터
『어벤저스 4: 엔드게임』의 화려한 성공과
『엑스맨: 다크 피닉스』의 처참한 실패, 그리고
방탄소년단의 아미에 이르기까지 늘 있었던 일,
하지만 '죽음의 깊이'에서 만나는
동서양 사상 융합의 자리는 누가 만들고 있나.
〈

'우리'의 갈 길만 고수하다
'형제'를 죽이게 되는 곤혹스러움은
캔 로치가 『보리밭에 부는 바람』에서 보여줬고,
'타자'에 대한 사랑이
'우리'의 영역에 대한 보존을 넘어설 수 없음은
봉준호의 『기생충』이 확인해주고 있는데,
하지만 '다가올 민주주의'가 일어설
'새로운 공동체'로 묶어낼 '정동'의 체계는 누가 만들고 있나.

성욕

생명을 가진 자는
누구도 성욕을 피할 수 없다.

식욕이나 수면욕도
자손 생산을 위한 준비작업을 돕는다.

식욕의 만족 방식과 다른
성욕의 만족 방식이 문제다.

애인 사랑은
음식 사랑과 다르다.

미슐렝 가이드처럼
여러 시도를 하지만
음식 사랑은 포만감에서 끝난다.

애인 사랑은 끝날 줄 모른다.
다른 애인 사랑으로 매워질 수 있다고 믿는다.

고통

주삿바늘을 꽂고 다닌다.
침대에 붙박여 있어야 한다.
수시로 내 몸이 내 몸이 아니다.

몸의 한 부분이 잘려 나가는 일보다
이 순간 겪고 있는 고통이 더 크다.

이 와중에 배우는 게 있다.

고통은 있다.
고통은 어디에나 있다.
고통이 쌓이는 게 문제다.

고통 하나 온다. 겪는다.
고통 또 하나 온다. 또 겪는다.

고통은 과거에도 왔었다.
고통은 미래에도 꼭 온다.
고통의 지금에 들러붙지 않으면 그만이다.

사랑이 끝나고 있음을 안다

설명해야 한다고 느낄 때
사랑이 끝나고 있음을 안다.

진솔하게 설명해도
상대가 그걸 알아듣고
그에 대한 말을 할 것인데
그때 느낄 절망감을 이미 벌써 안다.

말하지 않아도
말할 필요를 느끼지 않았을 때가
언제였나 곰곰 돌이켜 생각할 때
바로 그때가 사랑이 끝나고 있음을 안다.

지네

괴물인 줄 알았다.

이제 보니까 한 마리 지네였다.

너무 징그럽지만
무서워 눈 가릴 정도는 아니구나.

몸으로든 마음으로든
발로 짓밟아 죽이지 않으련다.

저 위에서 보면
나도 별 다를 바 없는 벌레일 테니까.

병상 일기

기후변화의 영향으로
무슨 옷을 입을지 매일 아침 망설인다.

얇게 입었는지 냉기가 스며드는 월요일이다.

부정적인 생각이 터무니없이 떠오르는 걸 보니
병이 몸의 한쪽을 차지하기 시작하는 걸 알겠다.

화요일 아침
몸의 저항이 무력화되는 걸 확인한다.

어쩔 수 없이 병원에 가야 한다.

항생제 처방까지 받을 심한 감기란다.

병의 압제하에 살아가는 수요일이다.

오늘은 몸이 하자는 대로 하자.

그가 마시자면 물을 마시고

그가 눕자면 누워지내는 세월이다.

죽은 자처럼 견디는 경험이다.

목요일 아침
생명의 힘이 올라온다.

배고프지 않은 점심
면도하고 목욕하며 몸을 달랜다.

불고기덮밥으로 외식하고
동네 카페에서 커피 마신다.

금요일 오후
조심스럽게 기다린다.

존재를 심하게 주장하지 않는다.

싸늘한 가을바람 뚫고 카페에 앉아있다.
〈

병상 일기를 자질구레 기록하는 이유는

명료한 의식이 병을 지났다는 증거이기 때문이다.

어디에 있는지도 모르고 싸운 게 아니라는 증거이기 때문이다.

다음번에는 몸을 버리고
의식만으로 통과해야 하는 일이 있을 것이기 때문이다.

이미 알고 있겠지만, 죽음을 준비하는 과정이기 때문이다.

의식으로 통과하는 그것의 예비고사가 병이기 때문이다.

울고 있었다 그런데 혼자가 아니었다

울고 있었다. 그런데 혼자가 아니었다.

캄캄한 영화관이라 울었던 건 아니다.
자기도 울었다는 영화평을 나중에 읽었다.

〈
알레포의 고립을 그린 다큐멘터리 영화『사마에게』.

울고 나니 마음이 따뜻해졌다.
슬퍼서 울었지만 아주 좋은 울음이었다.

회개의 모습 같지만
영성 세계로 개종하는 순간이다.

어둠에서 눈물 흘리게 하는
흥행 보증수표가 필요하다.

거짓 자아를 깨고
진짜 자아의 용기로
참여하게 하는 힘이 필요하다.

발췌하지 않는다면

발췌하지 않는다면
삶을 영화로 만들 수 없다.

"평화를 주소서."라고 기도한 적 없다.
호소할 여지도 없었고, 지금도 그렇다.

이해될 수 있을지 모를
이야기로 만들 수 없어서
시로 만들 수밖에 없었다.

손을 내밀었지만 맞잡아진 적 없었다.

그렇다고 절망해버리지 않았다.

다 놓고 가야 한다는 걸 너무 일찍 알았다.

아니다.

그렇게 믿지 않았으면 견뎌낼 수 없었을 것이다.
〈

시는 구원이 아니다.

말로 할 수 없는 기록이다.

죽음의 깊이

죽음의 풍문에도 아버지의 장례식장에 갈 수가 없었다.

무얼 기다렸나.

죽는 순간에는 개과천선하는 영화 장면 때문이었나.

죽어도 이상하지 않은 때가 되니, 죽을 때까지 안 바뀌는 걸 안다.

온몸 시론의 김수영이 어디선가 죽음의 깊이를 말했다.

죽음을 살지 않는 걸 몰라, 아버지를 끝까지 기다렸다.

죽음의 깊이를 모르면 상종할 가치도 없는데 말이다.

지하도에서 노숙자를 만나니 냄새에 신경이 쓰인다.

심장마비로 쓰러져 땅에 얼굴을 처박아도 괜찮다.

말론 브랜도의 대부는 평화롭게 죽었다.

손자와 정원에서 놀다, 파란 하늘을 눈에 담고 쓰러졌다.

살인 청부사였던 그가 죽음을 몰랐을 리 없다.

아우슈비츠의 설계자 아이히만은 삶을 구차하게 구걸하는 늙은이였다.

죽음의 깊이를 전혀 모르는 죽음의 행정 전문가였다.

악마가 놀이공원으로 사라져버린 세상이다.

악착같이 죽음과 함께 살아야 한다.

살지 못하면, 죽을 때 어처구니없이 허탈하겠다.

업무 핑계로 아버지의 죽음을 찾지 않았다.

죽음을 안고 가지 못했으니, 만나지 못했으리라.

장례식에 안 간 나와 삼십 년 만에 화해한다.

〈
죽음의 깊이에서 이제야 마음이 편하다.

당연하다는 것

친구와 공부를 다시 한다.

당연히 열심히 공부해야 했었다.

그게 아니었다.

당연하다고 살았던 삶.

당연하다는 것이 당연하지 않다는 것.

공부할 게 갑자기 많아졌다.

레버넌트

신은 침묵하지 않는다.
신의 말이 침묵하였다.
신에게 하는 말이 침묵하였다.

신은 죽지 않는다.
신은 잠들지도 않는다.
신에게 잠과 죽음을 주었다.

비언어가 필요하다.
『계시록』의 기도가 있다.

회색곰과 맨손으로 싸우고 겨우 살아남았지만, 십자가의 예수처럼 깨끗하게 상처받지 못하고 너덜너덜해진 몸으로 동료에게 버림받은 '죽음에서 돌아온 자'가 있었어요. 그래도 그를 버리면 안 되죠. 말도 안 돼.

반언어가 필요하다.
산문도, 철학도, 과학도, 정치도, 국가도 아니다.

마주 보면서 죽어라.

회색곰처럼 맨몸으로 만나라.

이상이 벌써 말했다.
"그 위에다 나는 위트와 패러독스를 바둑 포석처럼 늘어놓소. 가증할 상식의 병이요."

우리는 좀비가 되지 말아야 한다.

* 영화 〈레버넌트: 죽음에서 돌아온 자〉는 미국 서부 역사에서 빠질 수 없는 전설적인 모험가 '휴 글래스'(레오나르도 디카프리오)의 실화에서 시작된다. 1823년, 필라델피아 출신의 모험가이자 개척자였던 '휴 글래스'는 한 모피 회사에서 사냥꾼으로 일하고 있었다. 뛰어난 사냥꾼인 그에게도 생사를 위협하는 위기가 다가오는데, 바로 당시 미 서부 자연에서 가장 두려운 대상이었던 회색곰을 만난 것이다. 목과 머리, 등, 어깨, 허벅지까지 찢기고만 '휴 글래스'는 가까스로 동료들 앞에 나타나지만, 지형적인 어려움에 부딪히자 동료들은 존 피츠제럴드'(톰 하디)와 '짐 브리저'(윌 폴터)에게 '죽기 전까지 그를 돌보고, 장례식을 제대로 치러 주라'는 특별 임무를 부여한 후 떠난다. 그러나 인디언들과 마주하자 두 사람은 달아나버리고, '휴 글래스'는 동료들의 배신에 격분하여 그들에게 복수하겠다는 일념으로 상처의 고통과 추위, 배고픔과 싸워가며 4천 킬로미터가 넘는 기나긴 여정을 지나 살아남는다. 이 놀라운 이야기는 여러 신문사를 통해 전국으로 퍼졌고, 그의 이야기는 전설이 되었다. '휴 글래스'가 당시의 이야기에 대해 직접 남긴 것은 사냥 중 목숨을 잃은 동료의 부모에게 보낸 편지 한 통뿐이다.(인터넷에서)

말이 시가 되는 시간

낯선 곳 새벽 2시.

다 부서져버릴 듯한 가족의 이야기로
스쳐 지나갔던 여인이 몸소 나타나는 사연으로
누구도 말릴 수 없어 터질 듯 커져만 가는 돈벼락의 미래로

이른 저녁에 시작된 잠으로
너무 피로하지는 않게 되어버린 몸으로
생각의 고삐를 잃고 빨려 들어가던 마음이

흐트러진 순백의 호텔 침대 시트 위를
다정하게 밝히고 있는 전등 빛 뒤에 있을
어둠, 그리고 어둠 너머의 어둠을
드디어 만나고 인사하지 않을 수 없이 되어버리면
말, 더는 이야기로 도망가버리지 못한다.

말이 시가 되는 시간이다.

반갑다

산등성이 바람이 시원하다.
풀이 손을 흔들 듯 바람에 흩날린다.

풀에도 영이 있으니 교감하겠다.
풀 아래의 벌레들이 갑자기 반갑다.

기어 다니는 그들에게도 영이 있겠다.
기어 다니듯 산을 오른 나와 다르지 않겠다.

도시의 거리를 사람들이 걸어간다.

그들이 다 다른 모습이지만
그들이 다 다르지 않으니 반갑다.

묘사고(猫死考)

　신이라고 자처하는 만큼이나 생각한다는 건 무모한 도전이다. 생각을 글로 쓰려 하는 건, 그러니까, 절벽 끝에서 허공 속으로 한 발 더 내딛는 짓이다. 그래도 친구 영상이가 해준 고양이의 죽음, 아니, 고양이 삶의 이야기를 둘러싼 생각이 멈추지 않는다.

　주말농장 헛간에 어느 틈에 자리 잡은 고양이들, 어미와 새끼 셋. 고양이를 키운 적이 있었으니, 버릇처럼 신경 써주는 건 어려운 일이 아니었다. 어느 날 새끼 한 마리가 죽어 있었다. 죽음은 어떤 죽음이든 버릇처럼 죽음을 목격하는 사람을 멈칫하게 한다. 그건 전문의로 평생을 살아온 영상이에게도 마찬가지였다. 모두 다 삶의 세상에 있다고 믿고 싶으나, 어떤 주검이든 하나의 주검은 당신도 나와 마찬가지라고 속삭이는 듯하다. 이랬을까? 이렇게 생각했을까? 아닐지도 모른다! 이건 영상이의 이야기를 듣고 난 뒤에 멈추지 못하는 시인 친구의 생각일 뿐이다.

　영상이는 그저 밭 한 구덩이에 정성스럽게 묻어 주었다. 어미와 새끼가 구경하는 것 같았다고 말했다. 그런 뒤에 어느 날 어미 셋과 새끼 셋이 헛간에 자리를 잡았다고 말했다. 영상이는 그저 신경을 조금 써줄 뿐이라고 말했다.

　뛰어난 전문의지만 주말농장에서는 어리숙한 농부일 뿐

인 영상이! 과묵한 영상이가 나의 무모한 글쓰기를 소리 내어 가끔 염려하듯이 몸을 쓰는 일에 무지한 나는 뙤약볕에 허리를 숙이고 밭에서 일하는 영상이가 가끔 걱정되었다. 그런 영상이를 고양이 어미가 걱정한다고 공감하였다!

  만물의 영장이라지만 밭에서 일하는 사람을 고양이의 시선에서 바라보면 걱정이 아닐 수 없었을 것이다. 의복이나 신발 등 보호장비도 없이 맨발로 다니는 존재의 관점에서는 쥐나 뱀이나 곤충 등을 조심하지 않을 수 없을 것이다. 밭에서 일하는 영상이를 고양이가 걱정하지 않을 수 없었을 것이다. 그래서 친구 두 명을 데리고 왔을 것이다. 그러다 보니 아기도 하나 딸려 왔을 것이다. 그래서 헛간에 모여 있는 어미 세 마리와 새끼 세 마리. 내 마음처럼 영상이를 지키는 어벤져스라고 믿어졌다!

  한계를 모르고 마구 달리는 상상력! 영상이가 죽어 있는 새끼를 밭 한 구덩이에 묻어 줄 때 어미 고양이와 영혼이 교류했을 것이라고 믿어 의심하지 않으니까 이런 환상에 동력이 생긴다! 영상이가 구덩이를 파고, 죽어 있는 새끼를 조심스럽게 들어 옮겨 구덩이에 묻어 주는 광경, 장례식에 참석한 듯 그런 모습을 지켜보는 어미와 새끼! 영상이와 고양이들 사이에 무언가 이어지는 끈이 생겼다고 믿어지기 때문이다. 그런

끈은 농사일을 제쳐놓고 새끼 고양이에 관심을 집중하는, 새끼 고양이의 운명에, 그의 죽음에, 그의 사후 절차에 관심을 집중하는 순간에 만들어진다고 믿는다.

온몸이 관심으로 변했을 때 온갖 분류를 뛰어넘는 힘이 있다는 것을 배우고 있기 때문이다.

나빴던 사람들, 고맙다

죽음, 점점 더 낯설지 않지만
나이 들어가는 건 좋은 일이네.

주변은 물론 내 한 몸, 제대로 건사하지 못하니

힘들었던 어린 시절 나쁜 기억, 더는 싫지 않구나.

어쩌지 못한 무기력에
어쩌다 빠진 진흙탕에 주저앉지만
자포자기 아닌 편한 마음, 들어오는구나.

나빴던 사람들, 고맙다.
자살 아니라 무를 안아 들였으니까.

애도하는 마음

새로 간 치과병원에서 지난 30여 년간의 진료기록을 말하면서 최한석 의사의ㅡ그의 이름을 이렇게 또렷하게 언급한 적이 거의 없었는데ㅡ 선경치과의 폐업을 어쩔 수 없이 여러 번 인용하지 않을 수 없었다.

말이라는 게 묘해서 발화되면 그 자체로 생명력을 발휘하기 시작한다. 그 말들이, 내 입에서 뱉어진 말들이 내 마음의 눈앞에서 말풍선의 제트구름처럼 뭉쳐지더니 공중에서 선회하면서 내 마음을 흔들기 시작하였다.

본인은 치매인지도 몰라서 30여 년 동안 같이 있었던 간호사들이 대신 폐업 신고를 해주다시피 했단다. 애도의 마음이 어디선가 자꾸 흘러넘쳤다. 아직 멀쩡하게 잘 살아있는 사람을ㅡ기억이 깜빡거려서 예방주사를 같이 맞으러 가자고 간호사들에게 가끔 전화하는 걸 제외하면ㅡ애도하는 심정이 점점 더 커져서 어금니를 뽑는 순간에도, 치료가 다 끝나고 외부약국을 찾아 나서는 동안에도 점점 더 커졌다.

내가 불편해서가 아니었다. 서울대학교 치과병원도 여러 번 오가는 동안에 익숙해질 것을 이미 알 수 있는 나이이기 때문이다. 예전에 살던 도봉구 방학동으로 1시간 이상 버스를 타고 가서 또 족히 2시간은 막연히 기다려야 10분 진료를 받을 수 있는 선경치과를 지금까지 고집스럽게 다녔던 이유는 아마도 격이 다른 편안함 때문이었을 것이다.

오늘 드디어 뽑은 어금니도 흔들린 지 오래였는데, 너무 오래 방치하여 툭 건드리면 딱 부러질 것 같았는데, 그는 발치를 끝까지 미루었다. 자기 이보다 더 좋은 건 없으니 기다리자고, 이번에는 아주 뽑아버리자는 내 눈빛에도, 이빨의 주인보다 더 이빨을 아꼈다. 도대체 치료를 저렇게 망설이니 돈을 언제 버는지 환자 주제에 매번 신경이 쓰였다.

30여 년을 같이 늙어간 간호사들만큼이나 서로 눈인사도 나누지 않는 환자들도 예약도 없이 선착순으로 마냥 기다려야만 하는 선경치과에서는 느긋해지지 않을 수 없었다. 치과는 무섭다는데 악착같이 치료를 미루는 의사 덕분인지 편안하기 한이 없었다.

그런 그가, 칠십까지 일하겠다는 그가, 히포크라테스나 화타처럼 의학의 본령을 정말로 이 땅에서 구현하던 그가, 20여 년을 다닌 뒤에야 명의라고 인정했던 그에게 왜 하필이면 치매일까. 치과병원 치주과 의자에 입을 크게 벌리고 누워서 정신을 못 차릴 정도로 애도에 휩싸여 있었다.

기둥을 만져보다

서울대 병원을 나오다가
눈으로만 방문하던 창경궁으로,
다리 건너, 명정전 어전을 건너본다.

냉난방 안 되는 벤치에 앉아있었을 조선의 임금.

명정전 배흘림기둥과
문정전의 기둥을 손으로 매만지다가
나보다 더 심한 고뇌에 빠져있었을
그 시대 지식인의 마음을 헤아려본다.

삶과 죽음의 기로에 서야 하는 결단의 순간에
나라의 미래의 포부를 펼치던 문정전의 추억과
모두의 인정을 다 받는 것 같던 명정전의 의식을
되돌아보면서 마지막이듯이 기둥을 만져보았으리라.

그와 나의 사이에 오랜 세월이 있지만
그도 나처럼 어쩔 수 없이 멈출 때까지
살아가야겠다고 기둥에 말했으리라.

신앙

니체가 신이 죽었다고 외쳤다지만
신의 이적과 증거를 바라지 않는다.

복을 바라는 신앙의 첫 단계 또는
증거를 바라는 신앙의 두 번째 단계는
사람의 자리를 지키고 있으니 신앙이 아니다.

그리스도교와 불교, 신앙의 이름이 무엇이든
신과는 관계가 없듯, 신앙은 사람과도 관계가 없다.

사람이 없어져야 신이 들어올 자리가 생긴다.

신앙은 사람이 다 없어지는 방법론일 뿐이다.

여자의 힘

일흔의 나이에도
가끔 성적 환상에 사로잡힌다.

몸이 본능에 빨려 들어가던 젊은 시절과 달리
슬쩍 비웃으면서 쳐다볼 수 있는 여유가 생겨서 좋다.

물론, 엑스터시의 유혹을 잊지는 못하겠지만
그것 때문에 키스를 갈구했던 게 아니었다는 걸, 이제는 안다.

분위기 때문에 못 마시면서도 술을 좋아했듯이
다정함 때문에, 육체와의 대화 너머에서 어렴풋이 보이던
다정함의 약속 때문에, 그런 유토피아에 홀려서 살아왔다.

돈의 힘

돈이 없으면 친구도 없다.

염치를 지킬 수 없으니 내가 못 만났다.

가난이 염치도 잊게 만든다는 걸

알 만큼 그때는 가난했으니까.

카페에서 커피를 마시는 지금 생각한다.

염치를 지킬 수 없게 만드는 가난 때문에

알게 모르게 얼마나 많이 실망을 주었을까.

자연이라고 부르는 것

내가 강아지의 이름을 부르면
그가 내 말을 알아듣는 것 같다.

그런 반응이 내 마음을 따뜻하게 한다.

하지만 내 부름이 강아지 앞에서 멈춘다는 것을 안다.

내가 무엇인가를 자연이라고 부르려고 하지만
자연이라고 부를 수 있다는 게 없다는 걸 안다.

자연이 뭐라고 부르는지 모르지만
자연이라고 부르고 싶은 것으로
내가 언젠가 수렴될 일만 남아있다는 걸 안다.

비가

내 것이 아닌 어떤 창가에
다복했던 어떤 어머니의 창가에
접시꽃과 나리꽃이 비를 맞는 곳에

비가 내리네
비가 비가 내리네
비가 비가 비가 내리네
비가 비가 비가 비가 내리네

돌아갈 일을 걱정하던 때도 있었지.
내 힘으로 뭔가를 지킬 수 있다고 믿었던 거야.

이젠 저 우레 같은 비를 뚫고
굳이 그렇게 돌아갈 집을 모르겠다는 나이.

내 것이 아닌 어떤 창가라도
내 것인 창가만큼이나 편안한 나이.

거인 환상

정의상 자연에는 폭력이 존재하지 않습니다. 지진은 폭력적이지 않고, 그것은 인간의 이익을 침해하는 한에서만 폭력적입니다. 자연 본성(naturalité)이라는 의미에서 자연적 폭력이 존재하지 않는다는 데 동의한다면 이제 타자를 타자이게끔 두지 않는 무언가, 제 자리를 타자에게 내어주지 않는 무언가를 폭력적이라고 수식해야 할 것입니다.
-『비밀의 취향』, 자크 데리다, 마우리치오 페라리스 지음, 김민호 옮김, 서울: 이학사, 2022, 184쪽

자연과 죽음이 불편하다고 인간이 말해온 이유를 밝혀야 한다.

자연을 보호하자는 구호는 시대착오입니다.

인간이 환경을 끝내 지켜낼 수 있다고 믿나요?

차라리 지구 종말의 기후변화에서 인간을 보호해야겠죠.

빗나간 신앙은 대개 잘못된 이야기에서 비롯합니다.

시로부터
영화로부터
동화로부터, 그러니까
이야기의 시작부터 어긋났지요.

W. 토드(Todd) 카네코(Kaneko)의 『포에트리』(Poetry)의 시, 『거인 안드레의 전설』("Legends of Andre the Giant")의 58번.

Andre the Giant stole fire from Heaven,
hid it in his mouth, fed it to monkeys
one lick at a time until they learned
to pronounce his name.

거인 안드레가 하늘로부터 불을 훔쳤고,
그걸 입에 숨겼고, 원숭이들에게 먹였데.
자기 이름 발음을 배울 때까지
한 번에 한 번씩 핥게 하였데.

로저 에버트(Roger Ebert)의 1987년 영화

≪공주 신부≫(The Princess Bride)에 나오는 거인 안드레,

거인 안드레는 제우스에게 불을 훔친 프로메테우스,
동격: 거인 안드레=프로메테우스=그리스의 신 제우스.

거인 안드레에게 불의 문화를 배운 원숭이들은 인간,
동격: 인간=불 먹은 원숭이들=거인 안드레=그리스의 신 제우스.

동격 공식의 매개 단계를 지우면, '인간=(그리스의) 신'이 된다.

자연을 보호할 힘이 없어진 것 같은
기후변화에서 자신도 보호하기 버거워진 시대.

근대가 소중히 가꾸어온 거인 환상, 이제 버려야 하지 않을까요?

사랑하는 사람이 내 마음대로 되든가요?

내 마음대로 되지 않아서 사랑이 아닐까요?

아이의 사랑스러움, 통제할 수 없음에서 나오듯
제멋대로 자연에서야 아름다움이 나오지 않을까요?

음풍농월(吟風弄月)이 시대착오가 되어버린 건
맑은 바람, 밝은 달, 즐겁게 놀자는 사전적 정의 때문 아니라,
시의 대상, 자연을 멋대로 조작할 수 있다는 착각 때문이리라.

시체 만세

헤르베르트 폰 카라얀의 지휘
베를린 필하모니 교향악단의
차이콥스키 교향곡 6번 비창
케이블 TV 채널 ORFEO에서 보다.

이미 나이 든 지휘자 카라얀, 죽었고,
그의 지휘에 따르는 연주자들, 다 죽었고,
얼핏 보이는 나이 지긋한 관객들, 다 죽었으니,

모두 다 시체가 된 자들, 과거 모습이다.

그게 아주, 너무, 멋진 구경거리였어요.

지구에 생명이 생기고, 생기고, 죽고, 죽어,
또 생기고 죽어서 만들어진 게 지표면이라네.

커피 가루만 커피의 시체가 아니고
커피 테이블만 나무의 시체가 아니다.

커피 가게 건물이나

커피 가게 앞 거리도
언젠가 지구의 생명이던
시체일 뿐이라, 더 사랑스러워졌어요.

어떤 세미나

한국의 미네르바대를 표방하는 태재대 출범을 기념하는 「AI 시대, 대학의 길을 묻다」(링크: https://youtu.be/7Lhwg6Wcalw) 세미나에 갔었어요(외신기자클럽, 2023년 4월 26일).

오세정 전 서울대 총장의 「디지털 대전환 시대의 대학 교육」, 김성일 고려대 사범대학장의 「행동자적 정신을 개발하며 대학을 재디자인하기(Redesigning the University Developing Agentic Minds)」, 정재영 이화여대 교수의 「미래 고등교육의 혁신 방향」, 그리고 스티븐 코슬린(Stephen M. Kosslyn) 미국 미네르바대 초대학장, 태재대 국제자문위원장의 「프로메테우스를 준비하며: AI 시대에 가르치는 데 필요한 것(Preparing for Prometheus-What We Need to Teach in the Age of AI)」을 듣고서 질문했어요. (유튜브 비디오 1시간 53분부터)

"'AI 시대, 대학의 길을 묻다'라는 캐치프레이즈가 말하듯 대학에 관한 담론에는 2가지 차원이 있습니다. 중세시대에 신학에서 철학, 그리고 의학과 법학이 분리되어 각기 다른 전공이 되면서 대학제도가 시작됩니다. 근대시대의 대학은 산업자본주의의 테일러리즘(Taylorism: 과학적 경영관리법)에 따라 기계를 위한 엔지니어와 비즈니스맨을 산출하는 기관입니다. 여러 발표에서 확인되듯 대학이 안에서부터 허물어지고 해체되고 있습니다. 이제 대학 다음의 조직을 진지하게 전망해야 할 때입니다.

이런 면에서 미국 미네르바대 시스템을 접목한 태재대에 거는 기대가 큽니다. 태재대가 선진 시스템을 적용할 뿐 아니라 한국 특유의 방법론으로 세계를 이끌어나가시기 바랍니다.

이를 위해 하나의 제안을 하고자 합니다.

은퇴하여 대학제도의 압력에서 벗어난 자유로운 마음으로 '이 교수의 조건 없는 학교'라는 유튜브 채널을 하고 있습니다. 지금까지 약 2,000개의 동영상을 제작하였는데, 정말 재미있습니다.

이런 동영상들이 많을 텐데 태재대가 수합하여 쿠팡이나 아마존 같은 지식 플랫폼을 구축하시기 바랍니다."

그리고 앉아서 다른 토론의 내용을 들으면서 스티븐 코슬린 교수의 원리라는 'Creative Critical Thinking(창의적이고 비판적으로 생각하기)'을 생각해보았어요. 아주 다양한 사례를 들어 설명하지만, 잘 정비된 체제는 아닌 것 같아요.

'창의적이고 비판적으로 생각하기'에서 'Creative Thinking(창의적으로 생각하기)'을 위해 기존 근대사회와 전혀 다른 패러다임을 가진 새로운 세상의 원리를 모색하려면 '시적 상상력(poetic imagination)'이 요구됩니다. 핵심과제로

'AI와의 상호작용, 창의적이고 비판적으로 생각하기, 인문학 지식'을 들면서 '시적 상상력'의 중요성을 암시하지만, 역사학 등 다양한 학문을 인용할 뿐이었어요.

내가 제안한 '지식 플랫폼'이 동영상을 모으는 데 그칠 수밖에 없을 거라고 회의를 표한 오세정 총장이나 스티븐 코슬린 교수가 절감하지 못한 부분은 'Critical Thinking(비판적으로 생각하기)'의 시대적 의의입니다.

비판적으로 생각한다는 게 근대시대에는 다른 이의 약점을 지적하는 거지만, 대학제도가 인문학을 중심으로 근대를 선도했듯 다시 한번 인문학, 특히 '시적 상상력'이 탈근대시대 시스템을 선구적으로 구축해나가는 과정에서 '비판적으로 생각하기'는 '탈근대시대 시스템 구축하기'입니다. 대학의 전문지식인뿐 아니라 대중 속 고수들의 지혜를 모으려면 쿠팡이나 아마존 같은 '지식 플랫폼'이 필요해질 것입니다.

이런 긴 설명을 덧붙일 시간이 없었어요. 추가 발언 기회를 얻지 못했고, 같이 간 친구가 손주를 보러 가야 해서 바쁘게 나와야 했거든요.

당신은 나보다 옳습니다

당신은 나보다 옳습니다.

고속도로 타고 올라오다 만나는
우리들 교회 전면 벽의 플랭카드.

처음엔 신자처럼
겸손과 봉사의 종교 구호였다.

그 교회 신자처럼
오늘도 무심코 보다가

내가 당신보다 옳습니다.

말하는 사람이
있어야겠다는 걸 알았다.

그가 하는 말이란 걸 알았다.

메멘토 모리

자려고 누웠다 벌떡 일어나
얼마 없는 삶의 숨결을 쥐어짜
견딜 수 없이 지칠 때까지 공부하게 한
메멘토 모리, 초등학교 4학년 때
왕자와 공주의 급조한 이야기 속편 들으려는
친구들에 둘러싸인 어느 밝은 여름날
시장통 한복판에서 정면으로 만난 뒤
잊을 만하면, 나 어디 안 갔다는 듯
조금이라도 피곤하지 않은데
자려고 누우면 어김없이 나타나던 메멘토 모리.

어젯밤엔 조금 달랐다, 잠자리에서 벌떡 일어난 나
읽다 만 책을 읽으러 공손히 가지 않았다.

죽음을 두려워하지 않는 내가
지금까지 널 왜 두려워했는지 모르겠어.

그냥 오면 좋겠어, 내내 기다리고 있었으니까.

두려움이 아니라 격려였다는 걸 알았다.
그리고 이젠 격려가 필요 없는 나이가 되었다.

흥분한 가운데 냉정하기

해외에서
돈을 아주 많이 버는
프로선수들을 좋아합니다.

축구와 야구 관람을 좋아하지만
그보다는 국력신장, 해외수출이니까요.

그들의 성공비결에 관심이 많습니다.

손흥민 선수는
결정적인 슈팅찬스에서
흥분+흥분+흥분의 순간인데

조미료처럼 살짝
냉정 한 스푼 그 안에 넣고는

골대 앞에서도 하늘로 차버리는
다른 값싼 축구선수들과 다르게
골대 구석으로 정확하게 넣습니다.
〈

야구를 더 좋아하는데
두 번째 시집의 제목도
"하느님의 야구장 입장권"입니다.

9회말 2아웃 만루
2스트라이크 3볼
안타 한 방이면 역전될 순간에

이걸 보려고 운동장에 온 거 아닌가,
관객은 이미 모두 다 흥분의 도가니인데

타석에 서 있는 선수가
역적인지 영웅인지 금방 결정되는데

그때 필요한 건 무엇?

흥분한 가운데 냉정하기.

여행가는 날 새벽 도로에서
손흥민과 이대호를 생각하는 건

애인을 만날지도 모르기 때문이다.

내가 이미 흥분의 도가니라도
그저 내 마음일 뿐일지 모르니까
자칫 사랑의 다정함을 잃어버리니까
흥분한 가운데 냉정하기, 이걸
잊지 말자 다짐하는 마음이라서.

* NOTE: 돈 많이 버는 야구선수로 류현진을 인용해야 하지만 투수가 아닌 타자 이대호를 뜬금없이 말한 건 마음이 공격적, 아니, 적극적이라서.

동요 딱지치기 놀이의 시적 상상력

  딱지치기 놀이 동요를 들었습니다.

  내 딱지를 치려고 할 때 가슴이 콩닥콩닥한다는 도입부와 후크송처럼 무한 반복되는 내 딱지가 넘어갈 때 내가 넘어간다로 구성된 이 노래를 듣다가

  초등학교 저학년 남자아이의 간절한 목소리에 유래카, '와우 모멘트(Wow moment)'가 있었습니다.

  2023년 10월의 어느 날 달리는 차 안에서 KBS 생생클래식을 듣는데
    청취자들의 열띤 반응이
  나만 그런 게 아니라는 걸 확인해주었습니다.

  말과 글로 사는 사람답게
  딱지치기 놀이 동요의 시적 상상력의 힘을
  분석하기 시작하였습니다.

  동요란 자아형성의 촉매제일 것입니다.
  〈

딱지의 애니미즘, 물활론은
자아보존과 성장의 본능을 촉진합니다.

이게 아이들이 놀아야 크는 이유겠지요.

그런데 이 동요는
어른들이 듣고 더 감격해합니다.

그건 아마도
자아의 무한성장 욕망이 생래적이 아니라
학습한 거라는 사실, 그러니까
잠시 잊고 있었던
어린이였던 나에게
주입된 것일 뿐이라는
진실을 갑자기 깨닫고

그런 욕망의 굴레는
자기가 원한다면
언제라도
벗어버릴 수 있다는 걸

재인식하면서

자유와 해방의 환상을 얻기 때문입니다.

딱지치기 놀이 등
동요의 시적 상상력으로 시작한
자아보존과 팽창의 의지였다면

그 시적 상상력이
환상이었다는 사실을
깨치는 것만으로도

자유로운 영혼이 될 수 있기 때문입니다.

서툰 사랑의 말

(그대의 행복에 입맞추었다!)

전화를 끊고
생각에 잠겼다!

말이 과해!

틀린 것도 아냐!

그래도 말이 과해!

……시가 될지.
……시의 씨앗이 될지.

교통사고의 원인

여주 친구네 집에서 오던 길에
교통사고가 났다. 다행히
접촉사고였다. 버스에 타고 있어서
아무 문제도 없었다. 추돌사고인데
버스 운전사가 자기 과실이라고 했다.

십여 분 지체가 되었다. 오전이라서
예닐곱 명의 승객 누구도 조급하지
않았다. 버스가 고속도로를 다시
달리기 시작했다. 이게 마지막
운전입니다. 제 잘못으로 사고가
났으니 들어가자마자 사표를
써야 할 거예요. 사표를 써야죠.

잠깐 한눈을 팔았어요. 환한 빛 아래
길 위에서 들어야 하는 인생 고백이나
누구에게인지 모를 작별 인사라서인지
어쩔 수 없이 철학적이 되어버리고 말았다.

언제나 침착해야 하는

언제나 감정을 배제해야 하는
기계 위의 삶에서는 잠깐 한눈팔면 끝이다.

여주로 가던 전날 친구가 길 위에서
말했다. 아침에 영하 5도로 내려가기 전에
텃밭 식물들에 작별인사를 해야 한다고.

서리가 내리기 전날
잠자리가 놀라운 집단군무를 했단다.

작은 텃밭의 호박꽃
백 송이 넘게 흐드러지게 피어있었다.

잠자리의 마지막을 아는 군무와
호박꽃의 마지막을 아는 개화와
버스 운전사의 마지막을 아는 운전을 만났다.

친구와 나는 아직 죽지 않은
우리를 위한 마지막 노래를 들었다.

화성 테니스

난 테니스를 못 칩니다.

테니스를 배우려고
옷도, 신발도, 라켓도 준비했건만
기본 폼도 제대로 익히지 못하여
담당 코치가 포기했기 때문입니다.

아무 생각 없이 만 시간만 휘두르면
프로가 아니라도 즐길 수는 있으련만

난 생각이 너무 많아서
시키는 대로 하는 건 잘 못합니다.

수십 년 만에 책에서 위로를 만났습니다.

세계가 골프나 체스와 비슷한 척하면 마음에 위안이 될 수는 있다. 그러면 세계가 매우 친절하다는 인상을 주며, 일부 책들은 매우 설득력 있는 어조로 그렇다고 역설한다. 이 책에서는 그 친절함이 끝나는 지점에서 출발하기로 한다. 인기 있는 스포츠가 '화성 테니스'처럼 작동하는 곳에서다.(데이비

드 앱스타인, 『늦깎이 천재들의 비밀』, 59쪽)

뉴턴의 중력이 일관되게 작용할 수 없어서
반사신경만으로 테니스를 칠 수가 없어서
공이 한번 튈 때마다 라켓에 맞추려고
온갖 창의적인 아이디어를 발휘해야 하는

'화성 테니스'의 시대가 왔다니 말입니다.

지옥 가족

우리는 다 욥이야.

적어도 나는 욥이야.

나름 열심히 살았지만
쳇바퀴 굴리는 다람쥐였던 걸 인정해.

그래도 그 속에서 최선을 다했다는 게 위로일까.

저항하려는 의지가 꿈틀대.

이것도 예정된 것일까.

이건 예정을 벗어나려는 몸부림일까.

그렇다고 아쉽거나 슬프지는 않아.

끝까지 눈 부릅뜨고 버틸 걸 아니까.

수다

그러나 그렇게 해서는 어리석은 수다에 노출되고 만다.

시를 쓰지만

한국시의 전통과 달리,
철학을 고수한 데리다와 달리
수다를 버릴 수 없다. 아니
수다를 버리지 않겠다.

소음 없는
음악 있을 수 없고

누추한 육체를
만나지 않을 사랑을
기다리지 않기 때문이다.

영을 믿지만

영을 만나기까지

눈을 똑바로 뜨고

육체와 소음과 수다를

견뎌야 한다는 사실을 알기 때문이다.

1) 자크 데리다, 『아듀 레비나스』, 문성원 옮김, 서울: 문학과지성사, 2016, 119쪽.
  2) 시작 노트:
  나는 자크 데리다를 근대문명의 기반을 제공한 르네 데카르트에 비유하여 21세기 탈근대의 철학자라고 생각한다. 데리다와 T. S. 엘리엇을 대비하는 박사학위 논문을 쓴 뒤에 학문적 연구에서뿐만 아니라 한국문학평론집의 제목을 『해체론의 시대』라고 붙일 만큼 데리다를 자주 인용하였다. 어느 학회에서 왜 데리다를 말하느냐는 날카로운 질문을 받았다. 그에 대한 나의 대답은 우리가 이용하기에 가장 적합한 철학자이기 때문이라는 것이었다.
  내가 평가하기에 데리다는 서구철학의 내부에서 서구철학의 전통을 '내파(implosion)'하는 사상가이다. 이러한 데리다의 경향에 깊은 의구심을 품는 서구학자들이 아주 많은 것도 사실이다. 세계적인 철학자가 된 프랑스인 데리다에게 파리 소르본느 대학교에서 명예박사학위를 수여하려고 하자, 소르본느 대학교의 교수들이 투표로 수여 여부를 결정하자고 들고 일어났던 적이 있을 정도라는 사실을 보면 '내파'의 철학자라는 판단이 과히 틀린 것 같지 않아 보인다.

데리다가 이분법의 정당성을 의문시하고 있는데, 이러한 글쓰기 전략이야말로 T/F 체계에 기반을 두는 논리학의 기반을 뿌리부터 흔들어버리는 행위가 아닐 수 없기 때문이다. 이러한 데리다의 철학적 작업에 힘입어서 여성에 대한 남성의 우위 체계를 의문시하는 페미니즘 이론이 확고히 자리 잡을 수 있었던 등 백인 서구 중심의 근대적 사고체계에 결정적인 타격이 가해지기 시작하였다.

이 시에서는 이렇게 고마웠던 데리다의 이론 자체의 약점을 지적하기 시작한다. "그러나 그렇게 해서는 어리석은 수다에 노출되고 만다."라는 이 시의 1행으로 된 1연은 데리다의 번역된 저서에서의 인용된 문장이다. 이 시는 데리다가 '수다'를 저어하는 이유를 의심하고자 한다. 데리다의 글은 아주 난해하기 이를 데 없다. 근대의 이분법적 체계를 내파하는 글을 근대적인 글쓰기 형식으로 쓰려고 하니 이중적으로 꼬여있는 방식으로 글을 쓸 수밖에 없기 때문이다. 그럼에도 인용된 이 문장에서 데리다는 자신의 글이 '어리석은 수다'를 적극적으로 피한 결과라고 주장한다. 요컨대 일상생활의 '수다'를 조금도 인정하지 않는 마음가짐으로 철학적 글쓰기를 하고 있다는 말이다.

"시를 쓰지만"이라는 '불완전한 구문'으로만 1행으로 된 2연을 만든 이유는 지금 필자가 쓰고 있는 '시'라는 장르의 특성을 자각하고 있음을 독자에게 확인시키고 싶기 때문이다. '수다,' 그것도 '어리석은 수다'에 '노출'되지 않으려는 노력이 가장 강조되는 글쓰기 장르가 아마도 시일 것이기 때문이다. 데리다가 '철학'에서 '어리석은 수다'를 피하고 싶어 했으며, 그가 '시'를 다른 탈근대 철학자들과 마찬가지로 미래의 세계상을 개척하기 위한 아주 중요한 장르라고 버릇처럼 결론적으로 강조했다는 점을 감안하면 필자가 "시를 쓰지만"이라고 문법적 양보절로 쓴 자세는 데리다의 글쓰기 마음가짐에 정면으로 반대한다는 것을 확실히 보여준다.

그리고 다음과 같은 3연에서 그러한 반란의 근거를 밝히기 시작한다.

한국시의 전통과 달리,
철학을 고수한 데리다와 달리
수다를 버릴 수 없다. 아니
수다를 버리지 않겠다.

'수다'를 그것도 '시'에서, 서정시라는 '한국시의 전통'에도 반하면서 옹호하겠다고 선언한다.
  그 이유의 하나로 "소음 없는/ 음악 있을 수 없고"라는 4연에서처럼 고전음악과 현대음악의 대비를 상기시킨다. 대중음악에도 '소음'이 자의적으로 삽입되는 당대의 현실을 생각하면, '소음'을 완전히 배제한 음악을 중시하려는 태도는 너무 귀족적이고 배타적이라고 비판받아야 마땅할 것이다.
  5연에서는 현실의 삶 속으로 이러한 논리를 확장한다.

누추한 육체를
만나지 않을 사랑을
기다리지 않기 때문이다.

'소음'이 없는 '사랑'을 인간의 사랑이라고 할 수 없기 때문이다. 누추한 육체의 만남을 전제하지 않는 사랑을 사랑이라고 할 수 없으며, 바로 그러한 만남 때문에 사랑이, 그리고 사랑의 이야기가 의미 있기 때문이다.
  물론 인간은 누구나 죽는다. 즉 육체가 누추한 이유는 언젠가는 버리고 가야 할 것이기 때문이다. 사랑의 '소음'이라고 말할 수 있을 '누추한 육체'를 적극적으로 옹호하려는 입장이지만, 그렇다고 해서 '죽음'을 무시하거나 배제하려는 것은 아니다. 그래서 1행으로 된 6연에서 "영을 믿지만"이라는 단서를 달아 놓았다.

이 시의 마지막 부분은 다음과 같다.

영을 만나기까지

눈을 똑바로 뜨고

육체와 소음과 수다를

견뎌야 한다는 사실을 알기 때문이다.

이렇게 1행을 1연으로 만드는 시작법을 선택한 이유는 데리다, 그러니까 서구철학, 즉 서구 사상 전체에 의문을 제기하지 않을 수 없다는 점을 선언하지 않을 수 없기 때문이었다.
　이제 우리는 "눈을 똑바로 뜨고" 우리의 길을 가야 한다. 더는 추종하면서 쉽게 따라갈 수 있는 사상을 어디에서도 찾을 수 없을 것이며, 우리가 인류의 맨 앞에 서 있다는 자세로 시를 쓰기 시작해야 할 것이라는 점을 확실히 깨달았다는 선언이기도 하다.

■□ 해설

바깥을 사유하기
- 이만식 시집 『문학혁명의 조건』 읽기

오민석(문학평론가·단국대 명예교수)

I.

모리스 블랑쇼M. Blanchot에 따르면, "예술은 스스로를 상실한 자, '나'라고 더 이상 말할 수 없는 자, 동일한 움직임에 의해 세계의 진리를 상실한 자, 추방에 처해진 자……의 상황을 묘사한다." 자신과 세계에서 추방된 자는 모든 것의 '바깥'에 있다. 블랑쇼가 볼 때, 예술은 이런 바깥의 경험이고 표현이다. 바깥은 결정에 앞서는 세계라는 점에서 미결정성의 세계이고, 사유가 본격적으로 번식하는 세계이며, 확정된 정답이 없다는 의미에서 중성성의 세계이고, 이 세계에서 쫓겨난 자들이 함께 존재하는 공동체의 영역이기도 하다. 바깥의 존재만이 세계에 질문을 던질 수 있으며, 세계 자체에 정답이 없음을 안다. 이런 점에서 이만식은 바깥을 사유하는 시인이다. 그의 시선은 이 세계 자체가 아니라, 그것 이전 혹은 너머에 가 있다. 그는 확정성이라는 빛의 세계 너머에 있는 비확정성의 그늘을 본다. 그늘엔 동일성과 확실성의 바깥에서 어른거리는 존재의 비밀이 숨어 있다.

    K.O.를 약속하며 난무하는 펀치 속에서 눈도 깜빡이지 않고
생각하고 있었다.

    시합이 끝나면 즐겁게 돈을 세겠지만 시합의 공이 울리면
펀치와 펀치 사이의 공간, 그 허무를 온몸으로 살고 있었다.

    우리가 알고 있다고 생각하는 생각이 아닌 생각,
무의 생각을 생각하고 있었다. 문명 세계의 대부분이
흥미 있게 지켜보던 시합의 가운데에 텅 빈 곳이 있었다.
무가 눈앞에서 펼쳐지는 장엄한 모습에 엄청난 돈을 지불하고 있었다.

                         - 「Thinking While Doing」 부분

현상이 행위("Doing")의 공간이라면, 바깥은 사유("Thinking")의 공간이다. 엄청난 돈을 걸고 싸움에 열중하고 있는 프로 권투 선수들은 행위 자체, 즉 "펀치와 펀치" 자체에 열중하는 것 같지만, 시인은 펀치와 펀치 '바깥'의 공간, 펀치와 펀치 사이에 있는 어떤 "허무"의 공간을 들여다본다. 그곳은 승리와 패배 이전 혹은 너머의 공간이고, 지식과 무지의 구분이 와해한 공간이며, "생각이 아닌 생각"이 존재하는 공간이다. 선수들의 치열한 싸움이 벌어지는 링은 의미가 폭발하는 공간 같지만, 시인은 그 "시합의 가운데에 텅 빈 곳"을 주시한다. 가쁜 숨, 떨리는 근육, 관중들의 미칠듯한 환호는 소란으로 가득 찬 공간을 연출하지만, 시인은 그런 움직임들과 소음들이 다 지워진 침묵의 공간, "무가 눈앞에서 펼쳐지는 장엄한 모습"을 본다. 돈과 싸움과 전쟁과 열정의 세계는 항상 그 바깥에 미결정성과 중성성의 공간을 가지고 있다. 시인은 바로 그 바깥에서 세계의 내부를 들여다본다. 그러할 때 세계에 대한, 세계의 소란에 대한 사유가 시작된다.

1
포도가 있다.
식탁 위에 포도가 있다.

2

개가 포도를 본다.

식탁 위에 포도가 있다.

개는 포도를 먹는다.

3

개의 주인, 내가 본다.

식탁 위의 포도를 본다.

개가 포도를 먹는다.

포도가 맛있게 보인다.

포도를 먹는다.

식탁 위에 있는 포도와

개와 내가 먹는 포도를 본다.

식탁 위에 포도가 있다.

- 「세 개의 포도」 전문

"세 개의 포도"는 세 개의 시선과 연결된다. 첫 번째 포도는 무응시無凝視의 시선, 즉 아무도 바라본 자가 없는 포도, 두 번째 포도는 개가 바라본 포도, 세 번째 포도는 '내'가 바라본 포도이다. 개와 '나'의 시선에 포착된 포도는 그것을 바라본 시선들에 의해 해석된 포도이다. 그것은 닫힌 의미의 세계이며, 이념의 세계이고, 결정된 가치의 세계이다. 그것은 '맛있다'는 판단에 구속된 세계이며, 그리하여 타자에 의해 먹히는 세계이다. 진짜 포도는 개와 '나'의 시선 바깥에 있다. 그것은 해석되지 않은 포도이며, 중성성의 포도이고, 미결정성의 포도이다. 그것은 존재 자체만으로 존재의 모든 것을 드러내는 포도이다. 그리하여 개와 '나'의 시선을 거친 후에 시인은 다시 원래의 포도, 즉 "식탁 위의 포도" 자체로 돌아온다. 그것은 존재의 근원이며, 출발이고, 마지막으로 돌아갈 곳이다.

내가 강아지의 이름을 부르면
그가 내 말을 알아듣는 것 같다.

그런 반응이 내 마음을 따뜻하게 한다.

하지만 내 부름이 강아지 앞에서 멈춘다는 것을 안다.

내가 무엇인가를 자연이라고 부르려고 하지만

자연이라고 부를 수 있다는 게 없다는 걸 안다.

자연이 뭐라고 부르는지 모르지만
자연이라고 부르고 싶은 것으로
내가 언젠가 수렴될 일만 남아있다는 걸 안다.
- 「자연이라고 부르는 것」 전문

   존재자는 언어 바깥, 즉 언어 이전이나 언어 너머에 존재한다. 언어는 존재를 호명하지만, 존재는 언어에 구속되지 않는다. "내 말을 알아듣는" 강아지는 언어에 포획된 대상, 즉 언어에 해석된 대상이지, 언어 이전의 존재가 아니다. 언어로 존재를 호명할 때, 존재는 항상 언어 뒤나 언어 너머, 언어의 바깥으로 밀려난다. 그리하여 주체의 모든 부름은 존재(강아지) 앞에서 멈춘다. 부름(언어)이 존재를 포획했다고 여겨지는 순간, 존재는 이미 언어 바깥으로 나가 있다. 그러므로 이름(언어)으로 "부를 수 있다는 게 없다". 시인은 그런 사실을 안다. 시인은 존재와 언어의 바깥에서 존재와 언어를 사유한다. "자연이라고 부르는 것"은 이미 자연이 아니다. 자연은 이미 그런 부름의 바깥에 있다. 시인은 그리하여 "부르는 것" 대신에 "부르고 싶은 것", 그러나 "뭐라고 부르는지 모르"는 것으로 존재를 설명한다.

II.

이 시집의 제목 "문학혁명의 조건"은 이 시집이 문학에 대한 메타-서사를 목표로 하고 있다는 인상을 준다. 이 시집은 문학, 더 구체적으로는 시가 무엇인가를 궁구하고 있고, 그 무엇인가가 시의 바깥에 있을 수 있다는 가능성을 건드리고 있다. 만일 이만식 시인이 시의 바깥에서 시의 존재를 찾는다면, 이 찾는 행위야말로 '문학혁명의 조건'일 수 있다. 왜냐하면 시는 항상 시의 내부에 있다는 것이 시에 대한 통념이기 때문이다. 다시 블랑쇼를 인용하면, "문학을 문학 자체 내에서 긍정하고자 하는 자는 아무것도 긍정하지 못하게 된다. 문학이 무엇인가를 찾고 있는 사람은 문학을 벗어나 있는 것만을 찾고 있는 것이다. 문학이 무엇인가를 찾은 사람은 문학 그 이하의 것만을, 또는 더 나쁘게 문학 그 너머의 것만을 찾은 것이다."

    보르헤스의 '연구논문+허구'라는 형식에서 내 시의 비밀을 발견했다.

    거꾸로 보는 한국문학사(1-4)
        - 상상의 공동체

…(중략)… 문학이란 게.
그런데, 이제 와 생각해보면, 아마도
'상상의 공동체'였을지도 몰라, 근대국가란 개념처럼.

왜냐하면 문창과, 국문과 더 나아가서 인문학이
새로운 '상상의 공동체'와
주파수를 맞추지 못하는 '상상의 공동체'가
돼버린 것 같기 때문이야. 쓸모없어진 것 같아.
'시인'이라면 감탄해주는 청중이 더 이상
사회의 주력 세력이 아닌 것 같거든. 그리고
심각한 문제를 진지하게 물어보지 않거든.

나의 '연구논문+문학평론+시' 형식과 유사하다.

이게 새로운 문학운동의 한 양상이다.
혁명적이랄 수 있는 새로운 세계가 도래하여
'인식+감정'의 체제 전체를 동시에
한꺼번에 바꿔야 하는 상황이거든.

- 「보르헤스와 나」 부분

"거꾸로 보는 한국문학사(1-4)"는 「보르헤스와 나」라는 시 속의 시이며, 본문보다 작은 크기의 글자로 표기되어 있다. 이 시의 앞쪽엔 보르헤스의 글이 인용되어 있으므로, 이 시에선 몇 개의 상호텍스트성이 서로 충돌하고 있는 셈이다. 이 시는 보르헤스의 텍스트에 대한 "나"의 응수이고, 그렇게 만들어진 '나'의 텍스트에 대한 또 다른 '나'의 대응이다. 이만식 시인은 보르헤스의 문학이 "'연구논문+허구'라는 형식"으로 이루어져 있음을 주목한다. 보르헤스는 문학의 바깥에 있는 논문의 형식을 문학 안으로 끌어들여 문학의 새로운 지평을 열고 있는데, 시인은 이것이야말로 "내 시의 비밀"이라고 판단한다. 그런 판단 위에서 그가 문학의 바깥인 연구논문과 문학평론의 형식을 시 안에 끌어들여 쓴 시가 바로 시 속의 시 "거꾸로 보는 한국문학사(1-4)"이다. 위 인용에서는 생략했지만 시 속의 "'상상의 공동체'"엔 이 용어를 창안한 베네딕트 엔더슨Be. Anderson에 관한 상세한 주석이 달려 있다. 시의 앞부분에서 인용한 보르헤스의 글에 대해서도 자세한 출처를 밝히고 있다. 그는 상호텍스트성을 이용하여 문학의 바깥을 사유함으로써 "새로운 문학운동의 한 양상"을 기대하며 "혁명적이랄 수 있는 새로운 세계"의 도래를 꿈꾼다. 그가 꿈꾸는 새로운 문학은 "'다가올 민주주의'가 일어설 '새로운 공동체'로 묶어낼 '정동'의 체계"(「'문학혁명'의 조건」)로 요약된다. 이 대목에서 우선 추론 가능한 것은, 그가 말하는 '문학혁명'이 '다가올 민주주의'에 상응한다는 것이다. 그는 개체들의 소통이 이루어지는 개체들 바깥의 공동체의 공간을 전제하고 있으며 그 '새로운 공동체'를 묶어낼 '정동'의 체계야말로 "'문학혁명'의 조건"이라고 말한다. 그는 여전히 문학 바깥의 형식과 내용에 대한 사유를 통하여 이런 결론에 도달한다.

비언어가 필요하다.
『계시록』의 기도가 있다.

회색곰과 맨손으로 싸우고 겨우 살아남았지만, 십자가의 예수처럼 깨끗하게 상처받지 못하고 너덜너덜해진 몸으로 동료에게 버림받은 '죽음에서 돌아온 자'가 있었어요. 그래도 그를 버리면 안 되죠. 말도 안 돼.

반언어가 필요하다.
산문도, 철학도, 과학도, 정치도, 국가도 아니다.

마주 보면서 죽어라.
회색곰처럼 맨몸으로 만나라.

– 「레버넌트」 부분

  이 작품에서 시인은 영화 〈레버넌트〉의 서사를 끌어들이고, 위 본문 중 "죽음에서 돌아온 자"에 이 영화의 상세한 줄거리를 각주로 단다. 그리고 이 시의 후반부엔 이상의 단편소설 「날개」의 도입부에 나오는 문장을 인용한다. 그가 말하는 '문학혁명'이 문학 바깥에 대한 사유와 연결되므로 그의 시는 이렇게 계속 상호텍스트성의 궤도로 진입할 수밖에 없다. 그러나 문학이 꿈꾸는 궁극적인 바깥은 "비언어" 혹은 "반언어"의 세계이다. 문학은 언어 안에서 언어 이전(비언어) 혹은 언어 너머(반언어)를 꿈꾼다는 점에서 자기 소멸적이다. 문학의 소멸은 그 모든 언어적 구성물, 즉 "산문도, 철학도, 과학도, 정치도, 국가도" 뛰어넘는 그 어떤 것을 향해 있다. 상징계에서 실재계로 몸을 던지는 그 순간에 파열과 소멸의 언어인 문학이 탄생한다. "마주 보면서 죽어라./ 회색곰처럼 맨몸으로 만나라."는 주문은 영화 〈레버넌트〉의 주인공처럼 환영받지 못할 생을 구걸하지 말고 비언어와 반언어로 소멸의 운명과 마주 서라는 시인의 문학적 명령이다.

III.

바깥의 사유는 부정의 부정을 통해서 성취된다. 모든 바깥은 다른 바깥을 갖고 있으므로 바깥의 사유는 바깥으로 나가면서 지나온 바깥을 다시 들여다보는 움직임이다. 이런 운동은 모든 형태의 결정성에 대한 회의이며, 편견과 이데올로기에 대한 저항이고, 유일한 정답에 대한 거부이다. 이런 운동은 존재의 바깥으로 나가면서 결정성을 비결정성으로, 편견과 이데올로기들을 중성성으로, 하나의 목소리를 다양한 '수다'로 바꾸어 놓는다.

그러나 그렇게 해서는 어리석은 수다에 노출되고 만다.

시를 쓰지만

한국시의 전통과 달리,
철학을 고수한 데리다와 달리
수다를 버릴 수 없다. 아니
수다를 버리지 않겠다.

소음 없는
음악 있을 수 없고

〈

누추한 육체를

만나지 않을 사랑을

기다리지 않기 때문이다.

영을 믿지만

영을 만나기까지

눈을 똑바로 뜨고

육체와 소음과 수다를

견뎌야 한다는 사실을 알기 때문이다.

1) 자크 데리다, 『아듀 레비나스』, 문성원 옮김, 서울: 문학과지성사, 2016, 119쪽.
2) 시작 노트:
나는 자크 데리다를 근대 문명의 기반을 제공한 르네 데카르트에 비유하여 21세기 탈근대의 철학자라고 생각한다. 데리다와

T. S. 엘리엇을 대비하는 박사 학위 논문을 쓴 뒤에 학문적 연구에서뿐만 아니라 한국문학평론집의 제목을 『해체론의 시대』라고 붙일 만큼 데리다를 자주 인용하였다. 어느 학회에서 왜 데리다를 말하느냐는 날카로운 질문을 받았다. 그에 대한 나의 대답은 우리가 이용하기에 가장 적합한 철학자이기 때문이라는 것이었다.

…(중략)…

데리다가 이분법의 정당성을 의문시하고 있는데, 이러한 글쓰기 전략이야말로 T/F 체계에 기반을 두는 논리학의 기반을 뿌리부터 흔들어버리는 행위가 아닐 수 없기 때문이다. 이러한 데리다의 철학적 작업에 힘입어서 여성에 대한 남성의 우위 체제를 의문시하는 페미니즘 이론이 확고히 자리잡을 수 있었던 등 백인 서구 중심의 근대적 사고체계에 결정적인 타격이 가해지기 시작하였다.

이 시에서는 이렇게 고마웠던 데리다의 이론 자체의 약점을 지적하기 시작한다. "그러나 그렇게 해서는 어리석은 수다에 노출되고 만다."라는 이 시의 1행으로 된 1연은 데리다의 번역된 저서에서의 인용된 문장이다. 이 시는 데리다가 '수다'를 저어하는 이유를 의심하고자 한다. 데리다의 글은 아주 난해하기 이를 데 없다. 근대의 이분법적 체계를 내파하는 글을 근대적인 글쓰기 형식으로 쓰려고 하니 이중적으로 꼬여있는 방식으로 글을 쓸 수 밖에 없기 때문이다. 그럼에도 인용된 이 문장에서 데리다는 자신의 글이 '어리석은 수다'를 적극적으로 피한 결과라고 주장한다. 요컨대 일상생활의 '수다'를 조금도 인정하지 않는 마음가짐으로 철학적 글쓰기를 하고 있다는 말이다.

 "시를 쓰지만"이라는 '불완전한 구문'으로만 1행으로 된 2연을 만든 이유는 지금 필자가 쓰고 있는 '시'라는 장르의 특성을 자각하고 있음을 독자에게 확인시키고 싶기 때문이다. '수다,' 그것도 '어리석은 수다'에 '노출'되지 않으려는 노력이 가장 강조되는 글쓰기 장르가 아마도 시일 것이기 때문이다. 데리다가 '철학'에서 '어리석은 수다'를 피하고 싶어 했으며, 그가 '시'를 다른 탈근대 철학자들과 마찬가지로 미래의 세계상을 개척하기 위한 아주 중요한 장르라고 버릇처럼 결론적으로 강조했다는 점을 감안하면 필자가 "시를 쓰지만"이라고 문법적 양보절로 쓴 자세는 데리다의 글쓰기 마음가짐에 정면으로 반대한다는 것을 확실히 보여준다.

 …(이하 생략)…

-「수다」부분

이 시는 첫 행에서 자크 데리다의 문장을 인용한 후에 다시 그것의 바깥으로 미끄러지는 문장의 움직임들을 보여준다. "시작 노트"란 제목의 매우 긴 두 번째 각주는 각주라기 보다는 자신의 시에 붙인 평론이라고 보는 것이 훨씬 옳을 정도의 비평문이다. 그는 앞에 나오는 자신의 시를 인용하며 시의 바깥인 비평의 언어로 나간다. 그 바깥에서 그가 수행하는 것은 자신이 인용한 데리다의 명제 바깥으로 다시 나가는 것이다. 이 계속되는 '나감'은 고의적인 소란을 통하여 데리다의 깔끔한 진리 명제의 결정성을 훼손하려는 의도에서 나온다. 시인이 볼 땐, 그 어떤 정언 명령도 진리를 독점할 수 없다. 그가 보기에 데리다는 누구보다도 이분법을 거부하고 로고스를 적극적으로 해체하는 이론가임에도 불구하고 자신의 의지와 무관하게 '깔끔한 진리 담론'을 구축하고 있다. 시인은 그에 대한 비판을 철학의 바깥인 시와 시의 바깥 비평 담론을 동원하며 감행한다. 그가 볼 때 진정한 해체는 바깥의 바깥으로 계속 나가는 운동이어야 한다. 소음이 사라진, 일목요연한 진리 담론은 무수한 소음의 폭풍에 의해 다시 해체된다. 이 시는 그러므로 데리다에서 데리다의 바깥으로, 시에서 시의 바깥인 비평 언어로 계속 달아나며 비결정성과 중성성의 공동체로 향하는 시인의 움직임을 잘 보여준다. 그러나 시인에겐 공동체 역시 어떤 일관된 방향과 목적과 명령을 가진 것이 아니다. '다가올 민주주의'는 그런 시스템의 노예가 되는 것을 거부한다. 이 시집은 이렇게 계속 바깥의 바깥을 향하는 정동으로 가득 차 있다.